JN408696

사막을
연주하다

문학공원 시선 129

곽구비 제2시집

문학공원

작가의 말

하얀 눈 단풍길 놀이터의 아이들
저녁노을 순수한 사람들의 눈동자
매번 기분 좋아지는 모습입니다
그런 모습들을 자주 쓰고 싶습니다

등단을 하고 작가라는 신념과
매일 시를 쓰려는 자세로 살지만
아직 제대로 쓰이고 있는지 매번 의문입니다
부끄러워도 책으로 만드는 일은
작가의 자부심 같아서 행복합니다
인기나 타의 시선에 연연하지 않는 초심으로
오직 시를 쓰는 기쁨으로 살고 싶습니다

2018년 2월

차례

1부 실크로드를 가슴에 안고

2부 거꾸로 매달린 기억

3부 동강할미꽃 마주친 날

4부 고독한 낙타를 바라본 적 있는가

1부. 실크로드를 가슴에 안고

관절의 반란

따로 정해진 일이 없지만 늘 바쁘다
지난해까지 웬만한 모임은 접었고
슬슬 내가 하고 싶은 것만 해야지

먹은 양보다 걷는 속도가 과하긴 했고
중년까지 이끌고 온 내 몸 사용은
이제 점검도 해야 했겠지 무릎이 뻑뻑하다

오늘도 약속하나 미루고 헐렁한 시간
아이돌 노래에 맞춰 춤까지 추고 싶어
발차기 안무가 높았는데도 욕심부렸다

관절에서 신호를 보내는지 멈칫한다
평소 기초체력을 훈련하고 유지시켜
늘 튼튼하던 관절이 반항을 시작한다

이렇게 하나씩 망가지면서 어른인가
그리 나쁘지 않았다 드디어 어른이다
어른이 될수록 좋을 것 같아 기다렸다

행복 입금

나무와 겨울과 눈의 관계 속

쓰인 문장부호는 상고대란 하얀 느낌표였다

자연의 경이로운 질서유지에

우리는 상처 내지 말아야 한다

새벽부터 달려온 사람들에게

오랜 시간 준비한 훌륭한 초대

또 하나의 신비스러운 겨울 풍경

가슴에 입금하고 활짝 웃었다

상고대 이력서

바람이 지나가다 물었겠지

가죽만 남았네 겨울엔 죽은 거니

흰 눈이 내려오다 말을 걸었겠지

너에게 기대 겨울을 보내고 싶어

한동안 얼씬거리지 않을 거라며

바람이 선하게 돌아간 덕유산 상고대

방해하고 싶지 않은 마음이 꽁꽁 얼려

주목나무에 이력서를 만들어 주었겠네

퍼즐 맞추기

저조한 빛을 야금야금 보내주는 겨울에게
화풀이가 반복되더니
결국 그녀는 태양을 찾아보겠다고 떠났어

크리스마스 날 안겨준 베레모는
참 이뻤어
겨울은 여전히 반복적으로 오고
그 사람만 사라진 거였어

다시 올 거란 생각은 안하는 게 나았어
허둥대는 눈빛에 겉도는 말까지
진작부터 눈치로 알았거든

하지만
시간은 기억을 왜곡하더니
그리움을 자꾸 덧씌우네
올해도 겨울은 어두워 아직 태양을
쫓고 있는 게 분명한가봐

내 기억이 맞는지
생떼 쓸 일 같은 건 안 할 테니
그냥 한 번 돌아와
어눌하게 변명 한 마디씩 맞춰보자는 거지 난

정유년, 아듀

밤새 하얗게 눈 내리다 밝아진
아침을 보며
그가 떠나갔더라고요

사랑을 보내려고 사투한 밤처럼
힘들게 온 새벽이 두려웠는데
환한 빛깔로 선명한 얼굴의 무술년이
금병산 큰 바위 위에서 올랐습니다

열두 달은 자신이 지켜줄 거라 외치듯
떠난 그를 잊어야 한다며
나의 얼굴을 환하게 비추실래
작은 소원을 빌었습니다

눈 녹은 나무에 반사된 정유년의
미련은 못 본 체 하고
그새 기쁜 마음으로 덜컥
무술년의 품에 안기고 말았습니다

조정래문학관에서

입 다문 태백산맥 서러운 사연에
눈시울 붉어진 먹구름 얼굴로 다녔고
진액 같은 공감대를 의식에다 깔고
허공에 음표 하나 던져 의식적으로
흥얼거렸더니 밝아졌네

기다림으로 맞서 맺힌 회한 풀어내고
드디어 작품으로만 인정받은 긴 시간
한바탕 살벌했던 염상진 염상구도
죽음 앞에선 결국 핏줄이었지

햇살로 둘러쳐진 대숲의 마당에선
향긋한 봄들이 술래잡기 중이었어
출렁거린 장면을 배경으로 찰칵찰칵
소화네 담장 위로 걸린 봄이 활짝 웃었네

사막을 연주하다

광활함이 그려놓은 악보 위를 건반처럼 걷는다
펼쳐놓은 숨은 뜻을 찾고 싶어 왔는가
두려움에 찬 마음으로 의심을 품었다

새소리 물소리 영 들을 수 없었고
기댈 그늘 한 점 없어서 가슴 밑에
품어 안은 눈물 몇 조각 끌어내 음표로 건다

절망처럼 다스리지 못할 것 같던
모래 언덕을 토닥여 길을 내어줄 때마다
허공으로 뻗어나간 멜로디를 붙잡았고

발 닿던 곳마다 일어나는 흙먼지가
허물고 지나간 자리마다
각각의 음계를 그리게 했다

부서지고 버려질 듯한 흔들림이 경고를 보내면
투혼으로 반짝이게 한 눈빛은 실크로드에 뜨는
해가 지휘하는 환상곡이었다 분명

도둑질을 부추긴 은행

비밀번호도 잠그지 않고 무방비로
우뚝 서서
아무나 가져도 된단 얘긴가
스스로 지키겠다는 의지로 지독한
향기 정도는 내뿜었지

거기 섯거라 외치지 않으면서도
발길을 붙잡아 미끄럼 태워 넘어뜨린
지혜들이 거리에서 깔깔거린다

기운이 모자란 할머니께도 한탕
털어보시라고 용기 백배
노랗게 심어주었다더니

가로수로 위장하고 은행털이를
부추기다
한겨울엔 맨몸으로 벌 받나 보다

안부

하늘은 서향 창문으로 들어와
기웃기웃 너를 살폈어
웬일인지 가을을 좋아하는 너의
낯빛이 슬퍼서 염려했겠지

갑자기 말문을 잠근 채 나가기를
거부한 네가 안타까워 보였나 봐
바쁜 사람들의 총총한 발자국
쉴 틈 없는 직장인들이 부러워진 거니

창문에 다가와 너에 안부를 걱정하는
하늘을 한번 바라봐
바람이 살짝 일렁이는 가을의 문턱을
좋아했잖아 힘을 내

대화가 필요해

꽃잎이 떨고 있는 새벽은
얼마나 처연한지 가슴에 이는
바람은 중심을 얼마나 흩뜨려놓는지
당신에게 할 말은 많았다

한번쯤 산책을 같이하고 들국화
조물조물한 그 길에 향기를
당신과 나누고자 했다
주식에 대한 경제에 관한 국회의원 얘기 말고

내가 바라본 세상에 대하여
코스모스가 올핸 가을보다 먼저 온 이유와
허수아비를 볼 수 없는 들녘에 대하여
한마디만 나누어도 몹시 아름다운 가을이겠다

궁금증

집 앞에 휴대폰대리점 오픈 행사가 요란하다
여름날 아파트 벤치에서 시집을 읽을 무렵
안면을 트고 대화하던 사이의
김 여사 아드님이 차린 손전화대리점이다

"시인님 꼭 오세요"
어머! 그 명문대에서 전자공학을 전공했다고 하던 아들이요?
(축하한다고도 할 수 없고
왜 전공을 때려치구요? 물을 수도 없고)

붉은색 유니폼을 직원과 나란히 입고
자신의 꿈을 접어 이 대리점 안에 담보로 묻어버린
이유를 내가 알아야 할 건 아니고
눈치 없이 개업 떡이나 맛있다고 해야겠다

그러고보니 여름날 화사하던 김 여사
안면에 수심의 그림자 더 이상
설명이 필요 없는 안색이다

옆에서 수군거리는 김 여사 친구분 얘기
나도 모르게 귀가 팔락팔락하다가
떡을 집던 손이 김치를 잘못 집었다

수산시장

푸른 물살 하얗게 가르며
뼛골마다 들쑤신 바람 털어낸
오징어 고등어가 팔딱인다

여명의 깃을 파고든 횃불로
씻어낸 새벽 마알간 어부의 아침
총총한 눈빛으로 시장을 더듬을 시간

햇살 한 가닥 내려와 나무 궤짝에 얽힌
그들과 놀아주기 시작하면
지나가던 손님들 흥정이 요란하다

파도를 쪼개 놓은 바다가 들어앉아
철석철석 끝날 줄 모르는 도마질로
거둬들인 돈다발이 쪽잠을 잔다

매달 하는 이사

오늘도 이사를 해야 하지
자리를 내주고 떠나야 할 시간이 다가옵니다

계약하고 해지할 시간 따로 없었어도 늘 말일이 오면 자동 해지되고 이사를 합니다

버텨내려 해도 그냥 떠밀려 다음 달에게 건네지기도 합니다

9월에 피어난 저 꽃들은 어떡하지요
9월을 따르던 이들에게 오늘은 이별의 말을 하고 가려는지 햇빛이 점점 어둡습니다

이별이나 마지막이란 건 늘 어둡고
힘이드나 봅니다

덩달아 오늘 바쁩니다
10월로 옮겨놓을 마음이랑 바람이랑 막걸리 한 잔 하렵니다

이사하는 날이잖아요
한 잔은 바람에게 건네려고 해요

실크로드를 가슴에 안고

길 없는 듯함이 헉하고 숨을 조인다
촉촉함을 갈망하는 눈빛의 욕심은
마음을 내려놓지 못한 탓일까

의심의 껍질 솎아낸 모래알들이
자유의 깃발처럼 일렁거리며 반기자
가슴속에서 또 다른 꽃이 움튼다

몰아치는 바람을 시작이라는 희망으로
숨겨진 긴장의 끈에 덧대어 잇고 나자
꺼억 괜한 울음이 터트리고 나온 것이다

밤 하늘에서 보내온 메아리가 월야천[1]에
풍덩 빠지더니 그 속에 놀던 달님이 깜짝 놀라 어둠이 만들어졌다

마음에 켜켜이 몇 날이나 쌓이던
흙먼지를 꼬옥 껴안아 적응할 쯤

한 번의 기회로는 도저히 다 못볼 것 같아
실크로드에서 빠져나와 현실의 시간으로
주파수를 조심스레 바꾼다

---

1) 월야천(명사천 사막의 오아시스)

수상택시의 꿈

부자는 헛꿈일거라 생각하고
하루를 사는 일로도 버겁다네
강가에 미동도 없는 가난과 손님을
기다리면 흐릿한 강물이 꿈틀거리며
동정을 해주었네

태초의 사람 모양을 갖춘 욕심 없는
그들의 눈에 하늘을 품은 순수가
내게로 옮겨 왔네

비가 올 거란 예보도 햇빛이 강할 거란
염려도 계산하면 반칙이었다네
그저 비우고 낡은 강에 나를 놓으면
방글라데시의 바람이 장단을 맞추네

외부의 혀

바쁘게 나돌던 12월 수도꼭지 귀퉁이에
나와 그간의 시간을 핥고 피어난 곰팡이를 본다

일체의 먼지를 허용하지 않던 내 집에서
곰팡이가 번식한 일은 나와 밖의 경계를
돌아보라는 경고장이다

계획된 일이거나 궁금했거나 밖으로 나간
시간들은 쉴 새 없이 나를 변화시켰다
용감할 수 있는 힘도 행복할 수 있는 근거도
다 내가 행하고 찾아 나선 일인데
푸른곰팡이가 나를 주저앉히고 만다

새 길은 다소 고통이 수반되는 미지
무한한 모험들로 생동감도 있지만
소소한 사람들의 생경한 이중성
외부엔 다소 두려움들이 늘 도사렸다

스타벅스에서 꿈꾸다

필리핀 타가이타이가 머그잔에
찰랑거리도록 카페모카를 주문한다
마시면 언덕 위에 이국의 태양
휘핑크림 가득 묻히고 떠오른다

춘천 퇴계동까지 입성한 스타벅스
머그잔에 점심나절 문화를 마시면
한가한 내 시간을 알아주느라
섬이 된 크림 조각이 재미를 보탠다

어제 다툰 누구의 마음을 헤아리다
후루룩 아열대 지방까지 다녀오고

잔 속에 남은 오후를 테이크아웃하여
말갛게 씻긴 여행을 마치면
수고한 오늘이 쌔근쌔근 잠을 잔다

고양이로 대신하다

입동이라 했는데
오는 이가 없으니 눈이 내렸고
베란다에 홀로 앉아
눈이 비가 될 때까지 바라보았다

눈 오는 놀이터에 아이들이
학교 간 시간
보금자리 찾아 급하게 고양이가
처량하게 앉았다

눈은 밤에만 오고
오늘처럼 쓸쓸한 날은
반가운 사람 소식이나 왔어야지

괜히 창문 열어 손바닥 위에
갇힌 눈이 녹을 때까지 바라본다

회개의 방식

사람들이 쉬는 대신 교회는 문을 열었고
교회 안에서 착해져라 기도로 자신을
확인하고 있을 동안 나는 시를 쓸 것이다

애초에도 빵을 나눠준다는 교회가
너무 멀어 가볼 수가 없었다
내가 시답잖은 낱말 하나 허공에 뿌릴 시간
사람들이 대체로 교회에 있다는 건 참으로
믿을만한 일이라고 생각했다

한 주간 주름처럼 개어둔 잘못을 회개하고
월요일의 회사가 아주 착해지면 좋은 일이다
사람들이 왜 저 모양이지 생각되면 나는 빨리
일요일이 되기만을 기다려진 적 많다

아파야 할 이유

경포대에 떠오른 햇살을 한 입 스윽 베어 물고
어디든 걸터앉았다
내려앉은 가을의 붉은 염치
내 가슴 명치끝에도
딱 한 가지 걸쳐 주려나 보다

카스에 가끔 아파하신 분들
그 마음 왠지 안다고 하고 싶었다

자연 앞에서 행복하다고
감탄할 자격을 스스로
그려 줘며 모든 이가 조금씩만
아파하길 바래본다

부메랑

노쇠한 바람 털어내고 오미자를
수확하는 단양 사람들
산 밑줄 세운 여린 가지를 노을이
들여다보며 지켜주는 일을 한다

해지고 한참이나 비탈진 오미자
밭을 염려하며 머문 노을과 마주하면
산을 다듬고 논처럼 활용한 단양
방방곡곡 다른 삶의 크기가 펼쳐진다

땅을 밟고서야 기운이 왕성한데
애써 도시로 나갔다 허해진 기를
채우려 다시 농촌을 찾는 사람들
이름 없는 지방을 돌다 마주하게 된
시골 주소를 읽어 보게 되었다

미리 써본 유서

하나의 몸으로 들끓었던 삶
모든 것을 놓고 돌아가는 중입니다

화염 속에서 도움닫기로 한번
힘차게 굴려야 쉬이 떠나지겠네요

먼저 가신 내 사랑하는 사람들
거기 가선 찾지 않으려구요

원 없이 사랑하고 지켜낸 의리들
다 잊어버리고 싶네요

누군가 나를 불러 세우면 모른 척
기억을 잃은 척 연기 하려구요

원 없이 붙들고 지켜온 인연들
다신 안 만들라구요

자유롭게 훨훨 날기만 할 거랍니다
나는 본성이 고독을 좋아했거든요

나 다시 태어나면

꼭 그래야 한다고
생각하면서 다시 이 세상에
와야 할 이유가 있다면
나는 당신을 찾겠어요

꽃으로 나비로 그거
더구나 나는 못할 짓이야
여인으로 아름답게 내려와
당신을 찾으러 나서고 싶어요

어찌 어렵게 다시 온 이 세상에서
당신 못 찾고 만다면 나는
이 세상에 다시 온 이유가
슬퍼서 시름시름 앓겠지요

말 삼키기

빠른 속도로 넘어가는 해
겨울은 뭔가를 자꾸 놓치는 기분이야

노을빛을 끼워 넣어 아직 해가
남았다 우길까
슬금슬금 고개 먼저 들이민 달님을
해라며 우겨보고 싶은 날이지

혼자 드라이브하고 싶은 소박한
일 하나 못하고
남의 운전 속에 덤으로 속한 여행도
감사를 또 하고 가야지

빙판길인데 천천히 갔으면 좋겠어
감히 이런 말 못하고
겁쟁이 간 졸이며 속으로
겨울엔 멀리 안 가야지 할머니 같은
다짐으로 바다에 내렸지

추워라고 말하면 몸이 그게 뭐냐
뼈만 남아 그렇지
열량 비축한 허리둘레로
견디는 게 겨울이라며 깔깔 웃더라

휑한 모래사장에 바람불어
내가 하고 싶은 말을 삼키자
조형물로 세운 말들이 대신 달렸어

달라진 명절 풍속도

청풍호 물살 가르는 호수 위에서 보니
건너편 펜션 테라스에도 어김없이 고기를 굽는다

추석은 먼 나라 얘기처럼
딴청을 부리러 온 사춘기 중년들
이제 명절은 여행이다

내 평생지기 벗들의 얼굴에
저녁 달빛이 둥글게 올랐고
막걸릿잔에 털어 마신 얘기로 취기도 오른다

꽃이 피는 순서대로 부르는 게임을 하다가
아 이놈의 깜박증 분명 눈앞에 떠오른
붉은색 그 칸나가 입 밖으로 나오지 않아서

다시 심각해진 분위기 치매가 주제 되어
그간에 겪은 자잘한 증세로 보아 현희는
치매가 될 확률이 높았다

고상한 외부용 성격을 따로 지닌 이중인격의 시어머니
보다
먼저 갈것 같다는 걱정은 명절
생각을 잊어 버렸다

이제는 남편 안 보고 사는 게 더 재밌는
일상이 되었다는 중년들의 가벼운 농담도
세상은 멋지게 사는 만큼
조상님께 죄송한 명절이 돼 간다

비워내기

파장이 긴 속도를 유지한 이곳에서
추상적인 언어를 조립하고 깎아 본다
푸른 숨결이 내 혈관 속으로 더
헤쳐와도 당하고 싶어 단추를 풀었다

살아온 문장 부호들을 하나씩 꺼내
낡아 헤진 기억을 기우고 새로 채워야지
고개를 들어 숲 사이로
비춰든 햇빛 줄기를 쓸어 담는다

틀어진 관계들을 위해 애써야 할까
얽혀든 관계들을 끊어내면 수월할까
다년간 반복된 일상들을 섣불리
정의 내리지 못해 그냥 사는 중이었다

숲에 바람이 소란 거리자
내 안에 담긴 그간의 일 다 털어낸
듯하여 그냥
풀었던 단추를 천천히 채웠다

슬픔은 술래다

영혼을 소멸한 혼백들의 부대낌 같은 소리로
비탈길에서 갈대가 발길을 붙잡았다
점점 높아가는 하늘을 향하여 할 말 많은지 통곡처럼 아우성이다
이리저리 뒤틀리며 다스리지 못한 소용돌이로 자유를 외치는 줄 알았다
병풍처럼 서로를 막아서는 몸짓으로 바람소리 따라 애절한 줄 알았다
자유롭고 싶어 몸부림치던 사춘기
소원처럼 갈망하며 괜히 아파했다
창창한 청춘의 앞날을 두고 창살 없는 감옥인양 반항하며 소리 질렀다
우수수 파편들을 내 귀에 꿰어 담아본다
갈대가 말하려는 슬픔을 읽어주고 싶었다

모든 슬픔은
갈등하다 만들어낸 아픔처럼 서로에게 들킨다

2부. 거꾸로 매달린 기억

2월의 발자국소리

언 담 모퉁이 돌아 조심스런 발자국
우울하고 차가운 1월을 건너온 당신
이제사 오시는군요
잠시 숨을 고르던 땅속
겨울잠에서 기지개를 켜는 소리를 신호로
날이 풀리기를 기다리렵니다
창공에 군무를 마친 기러기 방향을 틀고
붉은 동백이 잎 모양을 오므리는 모습이 참 좋습니다
바람의 몸에 봄기운을 매달고 있을 것 같아서
한 손으로 만져 보다가 이제 다행이라고 중얼거려 봅니다
피어오른 안개 곱게 다듬어 찬란한 색으로
봄의 길목을 만들어 꽃나비 얼른 오너라
기별을 넣을 겁니다
눈 뜨면 창문부터 열어 어디만큼 당도하고
어디만큼 머물러있는지 2월 당신 안에서
봄을 가늠하기 시작합니다

청평사 가는 길

겨울 복판에서 위세를 떨치던 바람
드디어 입춘 앞에 고개를 숙인다
삼악산 그늘에 가렸던 해님이 소양강을
건너 청평사에 당도한 날
낡은 통통배 주변으로 몰려들던
오리 떼가 그 해 블러드성을 연상했다
나룻배를 건네주던 뱃사공 할아버지
그 옆을 오고 가며 호위하던 오리 떼
다시 오겠다고 호들갑을 떨고는
여태 못 갔네
이별을 하고 다시 만나지고 바람처럼
드나들면 좋으련만
저 멀리 밀려났다 떠 오른 사람 생각은
여태 만나지 못해 그리움으로 남았고

청평사 가는 길은 오늘도 수북한
사연들로 어둠이 깔린다

천산천지

봄 한창일 때 대한민국을 떠났것만
다시 겨울의 얼굴을 한
천산 앞에서 멈춘 마음 사시나무 된다

울창한 침엽수림 호위병으로
줄 세우고 멀찍이 위엄 있게 숨어서
나를 꿰뚫어 오르던 마음이었을까

서왕모가 내려온다던 천지연에 이르자
하얀 눈이 신선처럼 들어앉아
꽉 잡아끄는지 마음 자락이 힘껏 무너진다

중앙아시아 대륙 실크로드 중간에
타클라마칸 분지 천산천지는
허공에 뜬 마음을 바닥으로 가라앉히고
겸허히 진중함을 채워 가라 귀에 속삭인다

고독에 관한 보고서

자주 고독과 함께 한 나는
고독이 애인 같음을 느낀다

책장 모서리에서 생겨난 고독은
의자에 앉은 내 뒷덜미로 다가온다

그리움을 부르고 이별을 떠 올리고
연기자처럼 한번 고독에 몰입한다

오늘도 고독과 나는 한 토막의
모노드라마를 찍어야 할 것 같다

칭얼대는 고독을 야단할 생각은 없었다
유일하게 내게 오래 있던 벗이다

신명나는 것을 싫어하는 고독이 내게 속삭인다
더 이상 피에로를 그만두라고

고독은 과할 만큼 수시로 드나들면서
내 할 일과 내 생각을 혼란스럽게도 한다

어젯밤 고독에게 내가 또 손을 내밀었다
그래 난 네가 편하고 좋아

여행의 기억들

오늘 실크로드를 떠나온 지 며칠 됩니다
떠나던 날의 반짝거린 눈 속에 별빛이
숨어 있어서 모두 꺼내놓고 왔습니다

명사산 월아천에 초승달이 노닐다 간
자리에 나의 별들도 놓아 마음껏 뛰놀게 했지요

달궈진 모래 알갱이가 발을 간질여서
차갑던 내 가슴을 지필 때까지 걸었습니다

내디뎌 패인 자리에서 발을 빼 내면
다른 쪽을 잡아당기던 바람에게

트집을 잡아보는 그 밤이 황홀했습니다
월아천에 반영된 서로의 모습들을 먼저

담으려고 셔터 소리로 초승달의
목욕 시간을 훼방 놨어도 괜찮았을까요

첫 번째도 신비로운 곳에서 두 번째도
신비의 눈을 거둬내지 못 했지요

끝없는 사막의 황량한 먼지에 어찌
몸 감싸는 이기적인 짓만 했겠어요

훌훌 벗어 던지며 무위의 시선으로
바람 앞에 서 있기도 했습니다

나는 변화무쌍한 정신이 많이 포함된
변덕스런 자신을 사랑하지 않았지만

넌 다양함이 매력이야 옆 사람의 얘기에
기분도 좋아졌습니다

다양함이 없을 듯한
모래와 공기와 바람만으로도 우릴

산청 천상병문학제에서

천왕봉 꼭대기에서 액셀러레이터를 밟은 바람
허리 한번 펴지 않은 채 획 획 소리를 내기 시작한다

3월 햇살이 막 기운을 차리기 시작하고
왕산봉에서 브레이크를 밟은 바람은 산청마을에 와서야 드디어 잠잠하다

어딜 가나 머릿속에서 일렁이던 시제
보리밭 사이로 꺼낼 듯 말 듯 동의전[2] 마당에서 번뜩 스친다

흐르는 역사를 좇아 선인들이 남긴 행적을 탐방하던 문인들은
그저 숙연한 마음으로 정신 한 가닥 붙든다

2) 산청 동의보감천에 있는 건물 이름

거꾸로 매달린 기억

처마 끝에 영하의 강추위 주의보
얼린 고드름이 내려오길 기다려
입속으로 낚아채던 겨울 놀이에
대기오염 걱정 그런 거 하지 않았지

밤새 콜록거렸어도
따뜻한 물 한 잔 마실 여건 같은 건 주변에 없었고
자고 일어나면 나아지겠지 하며
자연의 흐름에 맡기고 살았었지

가난과 어깨동무를 나란히 하고
더 가진 건 벙어리장갑 한 켤레 뿐
못 가져도 불평 없는 하루를 깔깔 구르며
오히려 행복한 시간이었어

저 바닥에 차곡차곡 쌓인 그 추억
구름판으로 삼아 문명의 혜택 누리며
못 가질 것 없는 이 좋은 세상 살면서
그때의 정서를 공유한 사람이 반갑다

4월에 남도를 가다

남도 마당에 햇볕 와르르 쏟아내
반기던 봄기운을 각자 입에 물었다

아픔 딛고 태백산맥의 젖은 과거까지
남도의 별로 서 있는 조정래문학관에서
글쟁이의 심정으로 무겁게 둘러보았고

보성 녹차 밭 푸르름 사이로 셔터 누르며
한바탕의 봄을 털어마셨다

대원각 티벳문학관을 보고 돌아가잔 말
박물관에서 엿듣고 대신 아쉬워했을까

다시 찡그려 울 것 같던 하늘을 염려해
어린 왕자가 가는 길 내내 배웅했다

태백산맥문학관도 보성 녹차밭도
티벳박물관도 봄색으로 길게 짙어진
해안가를 따라 회 한 접시 먹어 치웠고

제암산 귀퉁이 떼어 내 살포시
엎드린 자연 휴양림 등에다 하룻밤
마음들 모아 도란도란하다 잠들었을까

딱따구리 나무 쪼는 소리에 아침이
당도하고 해가 나뭇가지 사이로 얼굴
크게 떠 있어 시 한 수 가슴에 품었다

홍시

태양의 바램으로 붉어진 사랑
지금이 기회야
한껏 고조된 침 흐른다

어디부터 건드릴까 조심스러워
사뭇 긴장된 사랑
아차, 실수했어 바닥으로 툭

사랑이 떠나가는 소리 들었다

담쟁이 떼쓰는 날

겨울로 가기 싫은 그들이 드러누운
바위틈에 햇살이 퍼져오를 때
잠시 가을은 해상도를 높여 그들의
오밀조밀한 행복을 비추기로 하면

여물여물 내 몸에 아프넌 시난 시산을
떼어내고 나니 이번엔
시국이 연신 아프지

천지가 한숨으로 노여워하는 틈으로
나 몰라라 드러누운 이들의 여유를
살짝 부러워하지

DESSER
PREMIUM DESS
Espres
YOGURT & AFFO
COFFE

안개

물안개가 습관적으로 피어난 도시
도심의 오전이 희뿌연 이유를
소양호가 책임질 일인가
출근시키고 남겨진 여인네들이
허우적대며 꿈틀거린다
움직여야 할 것 같은 시간에도 커피 잔
위로 우울한 상송을 터트리고 싶어한다
6년째 이 도시의 익숙함은 가끔
런던인가 착각을 하며 모자를 눌러써본다
경계심 없이 거리로 기웃기웃 나가면
한산함으론 분명 런던은 아니지
안개가 흘리고 간 젖은 눈물이 가로수에서
흩어지면 드디어 환한 낮이 되고
그렇게 한나절을 겁탈당한 시간은 별일 아니라는 듯
느릿한 소도시의 일상이 그제서야 시작이다

자작나무밭에서

한나절 햇살만
얇게 저며 놓고 사라진 겨울
검은 멍 자국에 바람이 새어 자작자작 소리가 난다

쭉 뻗은 키 앞세워
오늘의 쇼를 끝내면
툭툭 관절 앓는 소리를 어둠이 재워주고

칼바람에 잘려나간 가지
상처 난 몸으로도 거만하게
괜찮아 괜찮아 노래할 때
나와 맥락 없이 연결된 서러움에
줄기라도 하나 보태고
시큰거리는 콧잔등을 훔친다

오십 줄에서 바라본 자연은
수시로 삶의 잣대다
고독을 잉태하고 피워내는 자작나무밭에서
또 다른 삶과 마주한 날이다

황금 들판에 서면

고개 숙인 풍요 앞에서 아버지의
얘기가 사그락사그락 들린다
장마철 젖은 삶이 이랑 사이로
갈급하던 여름을 잘 견뎌 오셨다
기계가 자식보다 효자구나
벼는 알아서 베어지고 남은 시간은
막걸리에 담아 비우시니 좋다 하신다

들판에 서면 푸념처럼 아버지의
서걱거리는 속 얘기는 허수아비가
들어주고 자식은 하얀 거짓말만 보탠다
아버지 가려고 했는데 시간이 안 났어요

이상기류

밤새 홍매화 붉어진 몸살처럼 여자가 뒤척이자
음력 초하루가 밝아온 것
밤을 보내고 안개는 새벽이 싫었는지
회색빛으로 스윽 연막을 친다

몸을 부풀려 거대해진 둥근달은
둔중한 몸을 잘도 회전하며
골고루 어루만지듯 비춘다
그 남자도 어젯밤 저 달을 보긴 했을까
일찍부터 여자는 그 남자 생각을 한다

마음을 휘젓기 시작한 초하루 새벽바람을 마주하며 이슬이 눈물을 흘리자
아침은 아스라함을 물리치고 해를 들였고
여자는 오늘도 제일 먼저 그 사람 생각을 들인다

시를 읊는 한계령

가파른 고갯마루 구불구불한 능선을 지나친다
짙은 숲속에 서리 낀 하얀 물결이 벼랑으로
솟구칠 시각에 차에서 내렸다

산을 에두르는 깊은 골이 잦아들수록
순연한 성정이 유순해지는 맑은 기운을 주었다

연인인 양 연정으로 겨울 물줄기를 마주해본다
떨어진 낙엽이 소리 내주는 숲길을
평화의 리듬인 양 발맞춰 걸었다

발꿈치를 적시는 고요한 안식의 적요가 화평하다
신비로운 골짝을 눈으로 더듬는 행위가
욕구의 화신처럼 짜릿해진다

내면을 먼저 다진 바람이 정숙한 여인의
순결처럼 과감히 골짝을 내어 주었을 듯하다
태고의 원시림 이런 생각이 드는 산은 아니잖은가

이 깊은 한계령에서 한 달만이라도
갇혔으면 좋겠더라는 어느 시인님 말씀
역시 겨울 한계령은 시를 읊는다

열두 달의 관조

툭툭 걸리는 달에서 나오는 치열한 시간표
이미 설계된 밑그림 따라 실천합니다
특별한 날 붉은 글씨로 색칠하고 놓치면
거스른 운명처럼 괴로워지겠습니다

싱그러운 포장으로 색깔 입힌 무술년을 걸어놓고
규칙적으로 살자 어김없이 다짐합니다
숨 막히게 위태롭던 세월 다 치러낸 중년
당당하게 열두 달 달력 위에 멋진 날 그릴 겁니다

삶이란 건 노력하면서 이뤄낸다고 했으니
내 이름 앞에 걸고 명 시 한 줄 쓰려고 합니다
일상에서 매일 끼적이던 낙서가 시가 되었고
내가 살아있는 열두 달의 원동력은 글쓰기입니다

담쟁이에 의지한 나팔꽃

때 아닌 곳에 피어난 나팔꽃
담쟁이 복판으로 가 눈치를 본다
어차피 시작한 것 자근자근 오르다가
슬쩍 눈치 보자 담쟁이 모른 척 해준다

아픈 바람 소리 드는 날 서로를
보듬어 겨울을 지켜내기로 한 게지
손을 뻗어 표시한 담쟁이에 칭칭 안겨
영차영차 나팔꽃 오늘도 힘차게 오른다

먼저 다가서면 모른 체 할 수 없었겠지
영원한 건 없을 테지만 진심으로 품어줘
그땐 모든 것이 아름다운 순간이었어
되살아난 기억 하나, 나도 그랬거든

숲으로

봄에 이르러
통도사 절 마당에
봄보다 먼저 핀 홍매화를 바라본다

막 솟아오른 풀잎의 머리에
눈송이를 쪼아 먹는
청솔모도 보았다

복수초 저물어갈
시간에 일찍 찾아온
햇살을 머리에 받치고 선 나무들

잔기침을 해대며 낮잠을 자는 시간
푸드덕 산비둘기도
봄을 낚아채 간다

나비의 당당한 간통

이리저리 저 잘난 맛에
오늘은 코스모스에 앉았다
내일은 개망초에 앉았다는 나비 녀석

결코 지 잘못은 아니라잖아요

한들한들 허리 꺾으며 바라본
코스모스 탓을 한다나
향기로 유혹한 개망초 탓을 하고 다닌다나

자꾸만 우쭐대는 나비녀석
가을 내내 탕진한 에너지로
겨울이면 귀양살이 갔는지 통 안보이네

구름과 안개의 정사

탐색할 틈 없이 온 시야를 가리며
안개의 대담함에 구름이 움찔한다
아찔한 새벽 정사에
구경꾼들은 상기되고

서툴지 않게 이쪽에서 저쪽으로
주변의 봉우리들을 하나 둘 정복하자
지나가던 바람도 딱 숨을 멈췄다

갑자기 뿌옇던 시야에 빛이 보이고
해님의 헛기침 소리에 일제히 시치미를
떼고 말았다

고드름처럼

마냥 흐르는 것을 잠시 멈추고 싶은 날 있지
그리 깊은 생각 같은 건 흘려버려도 좋아
한 가지 쯤으로 중심을 붙잡아도 끄덕없어

햇빛만 닿아도 금세 사그라질 운명
견딜 만큼만 있어도 만족해
가끔 거꾸로 매달려 생각을 뒤집고 싶었어

추위가 햇빛을 탐내면 이 경우엔
수증기로 증발된다는 경고도 있었어
망연히 흐르다 괜히 역정이 나겠지

추녀 끝이 버거워 못 견디겠으면 확
누그려 트리면 무너지기 쉬워져
그냥 거꾸로 매달려 서 있고 싶었어

순리

먼지에 찍힌 메마른 여름이 망설이다
뚜벅뚜벅 걸어 나가면
길 하나로 여름이 가고
길 하나로 가을이 오네

핏기 잃은 그림자가 고독한 계절의
퍼포먼스를 해대면
단풍나무 사이로 쭈뼛쭈뼛
허깨비가 보이는 날 반복하겠지

길 하나로 가을이 또 떠나면
길 하나로 그렇게 겨울이 와서
몸을 접어 기나긴 동면을 할 동안
자꾸 그대도 그리워지겠지

들판

모자라다 할 즈음 억수로
내린 비 모가 뒤집혀
물꼬를 돌려보내야 한다
훅
아찔한 사태에 놀라
벼들의 웃자람
허수아비와 참새의 가을 승부차기
전쟁이 끝나고
코스모스 손짓하면
먼 산 바라보는 아낙의 슬픈 눈

일기예보

거품을 문 구름의 안색을 보고 돌아서니
비가 올 거라는 뉴스의 마무리 인사다
겨울날 흐린 하늘은 자주 있었지만 비
마음에 옮겨 적기 싫은 예보도 있었지
저수지에 찰랑거린 물을 경계로
벼를 키우던 논두렁 밑 개구리가
곤히 잠들었을 계절은 심술처럼 비가 미운 날이지
마을마다 떠돌며 비 오는 날 겨우
목욕 적시던 일명
꽃 꽂은 그 미친년 지금쯤 어디 계실까
봄날 왔다가 가을에 남산만한 배로
아제를 가리키며 실실 웃었다고 그 아세
누명까지 썼던 소동도 아련한 그 시절
비 오는 날 추억이지
깨알 같은 동네 소문 받아 적느라 공동 우물가 팽나무
가 진땀 흘리는 날은
빨래 잘 마른 예보를 들었것제

동네 사람 다 안고도 끄떡 없던 우산각은
천하에 게으른 명수 아재 해병대 얘기에
기둥으로 받치고 있던 상수리나무가
늘 진저리를 친 날씨였제

빨래집게 같은 부리로 햇빛을 물어와
가난에다 빛이라도 실컷 쪼였던
내가 살던 고향은 아이고 다리야 아이고 허리야

이런 예보로 비가 내렸었제 아 그립다
그 정확한 일기예보

비상

상처를 받았다거나 아픔이었다거나
경계의 구분 같은 건 없을 테지

고스란히 내게로만 불던 바람 앞에서
우왕좌왕하던 구름이 길을 내주어

꽃잎 한 장 낙엽 한 장 없는 곳 에서도
자유롭다 느끼는 영혼의 질주를 맛본다

에워싼 삶의 두께를 벗어 던지자
이대로 족적이 남지 않는 길로 날았다

세렝게티의 밤

광활한 대지에 뜨겁게 정사를 갈망하던 붉은 햇덩이가
긴 하루를 사정하면 지친 밤이 온다

어둠속에서 슬슬 본색을 드러낸 늑대의 성난 눈빛 속에 걸린
달이 창백해지면 큰 일 마친 숫 사자의 저녁 식사 시간이다

산천이 고요해야 할 암묵적인 질서였을까
숨죽인 암 사자는 못 본척 고개 돌린다

저녁 바람결에 야 으으 늑대의 도전적인 신호음
본능적으로 사자는 눈빛에 날을 세운다

어김없이 미어캣 부엉이 사태파악 먼저하고
용감한 독사만이 혀 날름거리며 염탐을 한다

오늘은 또 어느 가족이 몰살당했는지
낮게 주위를 맴도는 독수리 떼로 점치고 나면 아침이 밝아온다

3부. 봄이 오는 산사

훔쳐온 봄

겨울 비켜내고 들이민 꽃망울
스윽 꺾어 왔어
지조 없는 매화가 훈훈한 거실에서
슬그머니 피어났어

이럴 줄 몰랐기에 포기했던 마음도
며칠 더 훔쳐나 볼걸
때가 따로 있는 게 아니었나 봐
그냥 스윽 훔쳐와
내거 하자 하면 될 일이었어

두물머리 봄

안개의 침묵과 겨울을 거둬내고
수채화로 봄의 실루엣을 그리는
두물머리와 마주했다

강 건너에는 그리움을 그리고
하늘에는 새 떼의 꿈을 그리고
내 마음엔 사랑을 색칠해본다

출구를 놓치면 기회마저 달아날까
용기 있게 봄 길 더듬어 나섰더니
두물머리 강물 소리에 사랑이 흐른다

갑자기 내린 비

신선이 툭툭 치며
가지고 놀던 구름이 울상을 지어
연밭에 비로 내린다

갑작스레 쳐들어오니까 당황해
허겁지겁 우산을 사려고
편의점을 기웃거린다

속리산 소나무에 올라선
가을 빗소리에 무너지는 마음
연잎으로 시선을 옮기다 젖었고

예고도 없이 떠난 사람처럼
갑작스럽게 일어난 일들은 어디
비뿐일까 하면서 눈앞이 뿌옇길래
차 유리문 와이퍼에 잠시 나를 맡긴다

봄의 단상

구봉산 모퉁이 돌던 해넘이를
킴보[3]에서 바라보았다

중도를 품었다 토해낸 물줄기가
동강으로
흐르는 길로도 봄은 차오른다

바람이 타고 노는
풀피리 소리에 맞춰 강물 위의
오리 떼 낮잠을 즐긴다

물의 파동이 심장에 꽂혀
번쩍 떠오르는 봄에 진동
일제히 솟아오른 새싹들이다

---

3) 커피숍 이름

매화

얼음 풀려난 소양강 치마폭이
들춰지자 산기슭에 숨어
낯붉히던 꽃잎들이 기지개 편다

봄이 온다는 신호로 그녀가
먼저 흰 옷고름 풀기 시작하면
그윽한 향기로 미묘한 자태 드러내고

절개를 외치면서 피어난 그녀의
움직임이 천하에 알려지면
화려한 경쟁이 시작되는 봄이다

꺾어온 봄

오기 싫은지 게으른 것인지
해찰을 부리기에
봄 툭 꺾어다 앉혔다

내가 사랑한 그 사람 마음도
한 번에 꺾을 수 없었는데
봄을 꺾고 용감해진다

오늘 문자 하나 날려야겠다
그거 알았었니
나 너를 사랑한 시간이 봄날이었어

약천사 봄 입에 물고

겨울 털어낸 약천사에
동백 목련 유채꽃이 벙글거렸네

사유의 세월 정갈히 씻기고
잔디마당에 햇살들이 염불하길래

두 손 공손히 모으고 그늘진 이 나라
일으켜 세워 달라 급하게 주문을 했네

어머니의 봄

훈풍이 보리밭 이랑을 들추면
숨어 있던 잡초를 찾아 분주하시다

봄볕 찾아 얼굴 내미는 방향
쑥 향기 밭둑 위로 피어오르면

갈퀴 같은 손으로 호미보다 정확한
봄을 한 소쿠리 채우시고

뒷산으로 기운 해를 잰 걸음으로 좇아
오늘은 쑥국을 끓이실랑갑다

두물머리 봄

겨울 껴안던 힘 슬그머니 놓고
수피 속으로 봄이 흐르기 시작해
하나둘 녹여버린 여린 햇살이
가지를 스쳐 꽃망울로 맺혀 놨다

연둣빛 새싹의 날갯짓은 댕기 풀어
춤이라도 추는지 온종일 바람 불었고
엉금엉금 줄을 잇던 차들의 행렬
봄의 빗장이 열리는 오늘은 경칩이다

알싸한 소리로 고개 내민 냉이가
은밀한 속살로 달싹이며 부추기자
두물머리 강 속에 봄이 둥둥 떠 있고
매화 빛 유혹 하나 내 마음에 흘렀다

물의 눈

캄캄한 땅속 조각난 유적처럼
잎들이 아프게 박혀들 때 울었어

나는 바람을 속삭여 희망을 매달아
위로 끌어 올리고자 했어

움츠렸던 날들에게 널리 소문을 내
영롱한 물의 눈을 한번 보라고 했어

봄이 오는 산사

풀무질로 잘 빚은 범종 소리
계곡으로 내려가다 멈추고
벼랑 위로 오르던 다람쥐 기지개 펴지

빛살에 앉은 산바람은 겨울을 털어내느라 바쁘겠지
맨가슴이던 나무들은 자력으로
이파리 키워낼 심산이고
숲의 새순 보듬어 안은 골짜기는
일제히 굽은 잔등을 펴 색채를 담겠지

상큼한 꽃향기 날려 봄을 알리면
벌 나비 찾아와 환상으로 궁합을 이루지
호젓한 암자에 길손 부르는 풍경소리에
깜박 졸던 동자승이 놀라 눈 비비겠지

대나무 호텔

시간을 투숙객으로 먹고사는 그들은
촘촘한 속마음에 곧은 인내를 들이지
먹구름에 갇히고 장대비 드는 날에도
그들의 움직임은 늘 한결같았다지

여름날 그들 곁에선 신선이 된 것 같아
눈을 감아보기로 했어
사박사박 반기는 숨소리는
비단결처럼 맑아져 선비가 되려 하고

태풍이 몰아치는 날에 한 방향으로
막아서는 결속력도 배웠어

또 하나의 계절이 지나갈 때 시간도
그곳에서는 잠시 투숙객이 되었나 봐

폭포

계산은 없었을 테지
그러니까 아래로 곤두박질치면서 달렸겠지

소리는 왜 질렀지
아마 내려오다 보니
비로소 놀래게 된 게지

겁 없던 폭포 같던 시절은 내게도 있었지
무엇이 그리 못마땅했는지 산길을 내달리다
마구 뜯어 먹던 풀 하나에
혀가 굳을 뻔했으니까

그래도 직감적으로
뱉어내고 집까지 달려왔지만
놀랜 애 좀 다독여주면 좋았을
울 엄니
그러니 다음 날도 그 다음 날도
산길은 계속 달려야 살만했제

소낙비

느닷없이 적시면서
마음 흔들 땐 언제고

포기하고 바라보면
어느 틈에 도망간다

동강할미꽃의 독백

처방전이 없는 아픈 말 새해부터 들으며
비열한 거리에서 짓이겨진 전단지의
아가씨처럼 아팠다

아득한 절벽 위에서 소리를 지르다가
아래로 떨어지는 위태위태한 날에
나는 날개가 없는 것이 또 다행인가

그때 기슭에서 동강할미꽃이 손 내밀며
다 안다는 듯이 웃는 것 같았고
이렇게도 버티고 있어 하는 것 같다

슬픔을 물굽이로 전송하고 절경이 되어
그림처럼 피어오른 할미꽃 앞에서
그래 털어버리자 혼잣말 하고 돌아선다

바닷가에서

몽돌 하나 주워 만지작거린다
바람에 서산으로 가는 길이 만만치 않은 날이라

어두워지는 것과 바닷물 시퍼런 색깔은
나를 덮칠 듯한 공포를 주기도 한다

밝은 대낮에 두려움이 생긴 적도 있고
윗집 고함소리에 심장 떨린 적 많았듯이

때론 좋은 사람처럼 보였는데 웃는 얼굴로
아픔을 주고 당한 내가 바보라는 표정에서

고독의 둥지를 틀며 변함없는 날을
일부러 만들고 살 때가 그리워진다

창밖의 이야기들은 책을 펼치고
구경하며 그게 나았다는걸 알게 하고

사람이 어울려 둥글둥글 몽돌처럼
구르는 일이 내겐 무척이나 어려운 일이 된다

몽돌 하나 주워 서성거려 봐도
지표가 확고해지는 건 없다

구절초

순결한 그녀들의 뜰로
내 마음 펼쳐놓았다

태양빛이 직선으로 내리 꽂는 날
모두 마음을 풀어헤치고 싶었나

여린 몸짓에 그녀들이
인파 속에서 몸살 앓는다

찰랑찰랑 그녀들을 붙잡고
숨 가쁘게 하루를 흔들었다

작은 그녀들 키에 얼굴을 대고
나란히 사진기에 담으려면

구애하던 벌 녀석 눈꼬리 제법 사나워
가을도 나도 놀랬다

가을 녀석

그는 이 계절 가슴에 이는 그리움이다

얼마 동안 안부처럼 궁금하다가
또 하나의 몸살처럼 겨울은 그를
책망하게 될 것이다

엷은 햇빛 사이로 숨어
낮에도 아프게 치근거리며
가슴을 답답하게 만들 것이다

몇 개의 계절이 자리 바꾸면서
다시 만나게 되겠지만
또다시 더 짙게 그리움이 되고

끈질기게 그리움의 꼬리표를 하늘로
매달아 분별 없는 바람과 맴맴 거리다
겨울의 눈동자 유리창에서 넋 놓게 한다

정신 차려야지 하고 시집을 펴고
활자 끝자락에 그리움이 또 일고
매번 그는 그리움으로 서 있다

바람의 말

슬픈 완장 하나 오른쪽 어깨에
그리움 하나 마음 언저리에
순서대로 쏟아놓은 가을 길 위에서
바람이 한꺼번에 불었다

바람이 먼저 시작하고 네가 왔지
그리움이 먼저 오고 슬픔도 왔던가
네가 부르다만 나의 이름이 온통
너의 목소리 되어 낙엽 위로 떨어진다

저항이 클수록 아픔이 깊어지나
피하지 않고 맞서지도 않았다
그 위로 바람이 다시 분다
바람의 언어를 이해하려고
마침내 길을 나선다

겨울날

하얗게 부서져 내린 고요 속으로
은은한 파장들을 숭고하게
호흡하는 나무는 봄을 기다린다

서서히 촉수를 꺼내든 그리움
가슴이 머리를 귀찮게 흔들어
너 있는 곳으로 마음이 움직인다

햇살 머금은 눈빛 다정한 속삭임
어디까지 하다가 말았지 아득하고
다시 올 것 같아 괜찮아진 마음이고

눈 쌓이고 길 막혀 못 온다면 다행이지
일부러 그런 게 아니어야 하거든
가만히 생각해도 봄은 아직 멀었으니
그가 오지는 않을 것이다

겨울 그 에피그램

까치밥

계절이 놓고 간 미련
높아서 서러운 꼭대기
붉어진 마음으로 물컹 울었다

마지막 잎새

혼자만 설익은 고집으로
가지에 겨우 걸쳐 앉은 자존심
바람의 참견으로 바닥에 툭 누웠네

바람

유혹하던 꽃들 자취를
더듬어 차갑게 길 나서보네
나무에 방금 핀 눈꽃
괜히 나 때문에 흩어졌네

그 겨울 묘향암[4)]

굽이굽이 산허리 몇 번을 돌고 돌아
맑은 구름이고 선 묘향암 깊은 산골
청아한 사미닌 목탁 소리 밤낮 없어
길 가던 산새들마저 넋 잃고 서 있는 곳

공양간에 헛헛한 세간살이 염불만
정념이던 맑은 스님 마음인가 말갛다
발밑으로 한기가 뼛속을 파고들어도
여유롭게 웃어주시는 스님의 미소

눈꽃들이 폭폭 쌓인 산사 마당으론
저 스스로 풍경 소리 쳐 가며 지나가고
깊이 깨치고 갈 죄인은 향불 사르고
한 송이 연꽃이라도 되고 싶다 합장한다

4) 지리산에 있는 작은 암자

눈 속에 핀 장미의 말

겨울에도 멈출 수 없었어
보고 싶은 그의 얼굴
추위를 핑계 삼아 숨는 건
비겁한 생각 같았어

그와 마주치면 넘치는
내 사랑이 버겁다 하실까
아무려면 어쩌겠어
보고 싶어서 이렇게 왔는 걸

항상 사랑했어 난

눈

어머, 예고도 없이 내려온 당신

여기 주소는 어떻게 아셨나요

지난밤 뒤숭숭 한 틈으로 살짝

그렇게 오신 줄도 모르고 잤네요

장독 위에 올라가 서성거렸나요

두근두근 아침을 기다리셨겠죠

아무도 밟지 않은 순백의 아침은

내게 보여준 순정일까 설레네요

나의 겨울은 침묵

시인의 언어들이 가을 거리를
구르다 겨울 문고리를 잡았지

대문을 열기도 전에 다 쓰고 버린 눈
으스스한 추위가 난롯가에 앉았지

날카로운 눈빛으로 탐색하고
뾰족하게 끝을 세우며 아픈 겨울 쓰고

군고구마 호호 불며 동치미를 곁들여
훈훈한 아랫목을 쓰던 행복한 겨울을 떠 올린거지

겹겹이 에워싼 고독이 추위와 결탁하고
태양을 막아서면 나는 겨울 동안 침묵해야지

푸른 손발이 덜그럭거려서
좀처럼 일지 않는 감성을 존중하고 쉬어야지

겨울 하늘에 띄운 편지

오늘 우산을 접고 우체통 앞에서 옛일을
써내기 시작했어요
잎이 없는 은행나무가 고목처럼 서 있다가
봄이 오면 살아나는 기적처럼
다시 가을이 되어도 낙엽 얘기는
늘 붉고 아름답네요

빗소리는 불규칙하게 내려와
당신의 부재를 순간순간 그립게 합니다

거센 빗방울에 패인 보도블록보다 깊은
당신 눈빛은 언제나 나의 그리움이 됩니다
눈썹 위로 빗방울이 눈물을 감춰 줍니다

내 상실의 나날들이 오랫동안 그대를
찾아 더듬거렸어도 그해의 당신은 없네요
변한 것은 세월을 따라 내 마음도 비켜 갔을까요

다시 가을이 되어도 단풍잎은 매번
붉고 아름다운데
우리의 사랑은 그렇지가 않네요

썰매

스르륵 스치다 비켜서던
유독 맵시 난 저 썰매
부러움에 입 다물지 못했던
동생은 손에 든 비닐을
쾅쾅 밟아 이딴 거 안 타겠다
땡깡을 부렸지

팔짱 끼고 바라보던 같은 또래
코흘리개 동네 애가 이거 타고 싶냐
물었을 때 누나가 대신 말하라며
꽁꽁 언 볼 붉어지던
며칠 있으면 그 녀석도 중년이 되는갑다

4부. 고독한 낙타를 본 적 있는가

그믐달

느긋하게 기다리다 점점 부풀어
둥글어진 달
밝은 기운 가득 담아
어둠의 빗장 거두어 새해를 알린다

초승달시절 오래오래 보내고
만삭처럼 둥글어진 몸 되면
서울역 지하도 신문지에 말린
청춘들에게 외로움을 나눠준다

빗나간 청춘 떠도는 방랑자들
곳곳에 흔적을 더듬어 쫓아가
기울어진 마음 일으키려 밝기를
달리하고 오랫동안 지켜보고 서 있다

공감 세상

카스를 열었더니 어젯밤
잠을 설쳤다는 벗님의 아픈 글이 올라와 있다
창문을 서성였다는 그 바람이
그 놈이 아닐까 싶었다 하네

또 한 장 열었더니 겨울에 꽃이
하얗게 눈 뒤집어 쓴 복수초였네
답답하여 나온 것인지 한이 있는지
봄소식 먼저 전하려는지 쓰여 있네

한 줄 문장을 완성하고 읽어 보면
그날 작가의 기분 탓에 꽃도 눈도
아픔이다가 행복한 미소가 되다가
말문마다 이유 있음에 끄덕거리네

눈과 그대

밤사이 님 대신 눈이 오셨네
바쁘고 춥다고 못 오신 님
눈이라도 보내 안부 전했군
하얗게 보태진 말 사랑한다
이젠 믿는 척 연기만 하겠네

속을 다 비우고 바라본 눈은
이제야 진짜 내 모습 비추네
지난해 등 뒤에서 불던 바람
이제는 정면에서 몰아닥쳐도
차라리 시원하다고 말 하려 하네

꼬부라진 말들을 돌돌 굴려
눈사람 모양으로 세워 보네
허공에서 들려오는 맴맴맴
목도리 선물은 남겨진 추억
눈사람 목에다 걸어 그리워했네

자아

넓은 세상을 돌아도 없애지 못한
나의 고정관념 편견은
나와 함께 다녀야 하나봐

타인이 보는 시선에 각도기를
빗금으로 대놓고 금을 그어 보면
다시 내가 봐야 할 것이 늘어났어

별빛이 눈부시다 찬란하다
아프다 슬프다 누구든 다른 각도로
활용하여 말하는 것이니
타인에 시선에 흔들리면 위험해

타의에 의해 허물어질 때면
내 안에 높이 쌓은 자아가 꿈틀대다
일어서는 형상이 있었어

한 잎 나눠준 달콤한 사과에 유혹
싸악 물리칠 목소리쯤은
내고 살 줄 알아야지

내 손바닥 위에서 널뛰기하는
이들이 사계절 내 지성을 일깨우는
바람이라면 허용하겠어

색소폰

별들이 더 찬란하도록 조명을 맞춰 두었던 그 밤
난간으로 들이치는 달빛이 고고하였고
삶의 지나온 길목을 불러내는 색소폰 울림이 더했지

잔기침 서너 번으로 쭉 뻗은 음 잘 다스려
밤하늘로 관을 타고 흘려보냈어

비장한 연주자의 호흡 속에 숨은
여러 번의 리허설이 있어 아름다웠을까

이승과 저승의 문턱이 있거든 잠시
걸터앉아 새긴한 지난날 기억하다
편히 가시겠지

관객은 젖은 눈으로 자신을 공손히 낮추고
그 밤에 자신을 돌아볼까

굽은 목관 호흡 한번 펴고 입안에 마른침 삼키던 연주자는
예술혼 고조된 엄숙한 리듬을 다스렸어

눈으로 넘기던 악보 속에는 관객의
호응 없인 이루어질 수 없는 고독한
음표를 전달하느라 애달팠나 봐

나의 시

드라마 한편은 혼자서 해치우는
일인극에 달인이다

질문과 동시에 대답도 가능하고
쓸 것 많고 할 이야기 많아
외롭다 고독하다 엄살 부릴 틈 없지

혼자 놀기에 이만한 좋은 일 없어

심심하다는 말은 내게 안 통해
책 속에 다양한 사람들이
나를 본다고 생각하고 긴장하며
자세를 바꿔본다

우아하지 못하게 그들과
혼잣말을 하는 건
써내기 위한 나만의 준비 작업이다

그렇게 나의 시가 그려지면
몰입하고 쓰기 시작하는데
그 짜릿함이 내 삶의 활력이다

너

– 동백꽃

조각달 가녀린 몸짓을 보며
차가운 밤 별들의 웅성거림으로
붉은 생각 한 송이 피어 머물게 한 너

추위쯤 나누면 괜찮아질 거라고
화사한 빛으로 안간힘으로
발그레한 겨울이 되어주는 너

경계선 있는 자리 허물어내고
마주하고 웃는 이웃으로 살라고
겨울에 활짝 웃어준 너 고마워

말놀이

초록은 푸다닥푸다닥 벼심은 논둑길로 나온다
초록은 팔딱팔딱 개구리 등위를 넘나들고
초록은 한가운데 구멍을 숭숭 뚫고 여름으로 나온다
초록은 툭툭 떨치고 남은 감잎 위로 날아오르고
초록은 뾰족뾰족 잎새 거둬내고 엉겅퀴 꽃잎으로 피워낸다
초록이 마음밭 행운의 클로버 찾아 살며시 덮어주고
초록의 소리가 먼 하늘에 메아리로 닿아 찰랑찰랑 차오르면 작약으로 붉게 피어오른다
초록이 무성한 들판에서 뛰노는 햇살을 쫓아 야영하고
초록이 회화나무를 끌어안아 눈속을 들여다 봐준다
초록이 흐르는 계곡의 물소리로 곰취를 씻어내기도 하고
초록은 향기가 드리운 봄의 뒷모습을 쫓아 보낸 뒤 여름을 들이고
초록이 꺾인 가지를 털어내면 그때서야 하늘로 가고 가을이 온다

비밀

악령의 음모였을지도 모른다
빠져들어라 아이야 달콤하단다
꽤 쓸모 있다고 따라나섰나 보다

녹색 창공에 새들의 노랫소리 같아
혼절한 듯 몽롱함으로 따라나섰겠지
절망을 꺾어 들고 지금은 비탈길이다

돌 위에 그간의 사설을 세기고 굳어져라
밤이면 골고루 드나들 뭇 별들에게
그곳에는 가지 말라고 당부를 해야겠다

이별한 그 집

호기롭게 풀밭을 조성한 뒤 대문까지
걸어 잠근 마당은 음산하고
가까이 가면 금세라도 수풀 속에
똬리 튼 꽃뱀 녀석이 느물스레 덤빌 듯하다

빛바랜 흰 고무신 위로 지난한 시간이 일어나
사립문 툭 밀치자 튀어나온 길고양이 퀭한
눈 속에 낯선 내가 되어 기어코 소리 지른다

낡은 장독대 정화수 떠 놓고 자식들 잘 되거라
빌고 빌어 지문이 너덜해진 어머님 환영
손수건 꺼내어 짓무른 눈가를 닦아본다

이별 예감

무슨 말을 가슴에 담았기에
그의 미간이 슬펐다 아팠다 거슬린 날

물살이 심하게 요동을 치는 강둑에
하필 앉아있습니다

그의 몸에 달라붙은 붉은 노을이
삿대질처럼 무서워 보였고

더 이상 이 맑은 강가에서
우리가 나눌 얘기는 없을 것 같아불안했습니다

호숫가에 머리를 담그려던 수양버들
가지도 우리의 눈치를 보는 것 같았고

코스모스가 곧 피어나면 유독 할 얘기
많은 가을이 오는데 어찌해야 할까요

돌팔매를 하려고 던진 돌멩이가
큰 소리로 정적을 깨트리길 바랐습니다

내 곁에 앉아 있지만 이미 타인 같아서
가버리라 무조건 큰소리를 질러 버렸습니다

그날이 우리의 마지막이었고
이별이 그런 것이었습니다

사랑 그 에피그램

그리움

열두 달 자락자락 애태우며
길 잃은 둥지처럼 떠돌았다
조금 내어주고 조금 안달하고
결국 보고파 서글픔만 쌓인다

상처

눅눅한 기억들만 보태서
홀로 되새김질 시작하지
명분 없이 아프다가 눈물나는 것

연인

내 맘 너에게 주었으니
이제 너는 내거하자 했지
너와 나 우리가 되었으니
두 사람은 사랑한다 말했겠지

바람이 이는 곳

등나무를 치는 바람이 향기를 몰아온다
거미줄 이음새 마무리 중이던 왕거미
바람을 탓하고 싶어서 멈칫한다

한 무리의 바람은 베란다를 타고
건너와 살랑살랑 애교를 부리는 중이다

촉수를 집중하고 집 한 채 다 지어낸
왕거미를 위해 박수를 바람에 실려 보낸다

아카시아로 옮겨간 바람이
울대를 풀어 더 진한 향기가 오르도록 한다

바람의 간섭으로 모든 사물이 동하여 일어날까
바람의 시작으로 고리처럼 이어지는 일상

그 바람을 만져보려고 눈을 크게 뜨는
아침이다

고독한 낙타를 바라본 적 있는가

광활함의 불안과 미지의 고통을 대립 대신
묵묵함으로 순응하는 그를 만나본 적 있습니까
사막의 꼽추 등 위로 아스라한 삶을 살아간답니다

오아시스가 있을 거라 희망하는 조급한 이에게
그리 빠르지 않은 걸음으로 인내를 안내합니다

어찌하여 그 넓은 땅 홀로 살펴 길잡이를 자청했나요
어찌 모래바람이 눈 속으로 들어가지 않는 재주를 타고 났을까요
늘 젖어 있다는 당신의 눈빛은 숙명이라며 아픈 겁니까

선인장을 만나면 온몸에 두른 가시가 아파 보여
잠깐 쳐다본다는 영민한 그의 마음에 머뭅니다
안으로만 가둔 고통을 삼키려 눈물도 흘리지 않는 건가요
당신의 걸음걸음에 나의 아버지가 저벅저벅 걸어갑니다

신이여 저기 먼 구릉 너머엔 잡초가 자라긴 한 겁니까
아프리카 아라비아 알타이산맥으로
그를 만나러 떠나고 싶은 날입니다
결핍도 편견도 극복해 버리라 말해주듯
두발두발 앞뒤 같은 발 내딛는 그의 걸음이 위대합니다

그를 만나면 꼭 묻고 싶은 게 있습니다
3일간이나 먹지 않고도 버티는 건
영혼이 맑기 때문입니까?

수다

봄나물 가득한 밥상을 차리고 싶어요
나뭇가지 새순이 나오려는 소리
살곰살곰 들리는 펜션 가에 좋은 사람들 모이게 해놓고
봄 잔치를 열어 보고 싶어요
앵두랑 오미자를 섞어서 붉은 와인이라 말하고
진달래 잎을 따서 화전을 부쳐야지요
텃밭에서 자란 부추와 상추를 뜯어다
생과일과 섞어 놓으면 새콤한 봄맛
그거면 됐어요
먹는 것에 요란할 필요는 없구요
이제부터 수다를 시작하는 겁니다

정치적인 얘기를 할까
살아온 인생을 말할까
무엇이든 좋아요
나는 자랑질을 좋아해요

혼자서는 자랑질 재미가 없잖아요
그런데 말이죠
이때쯤이면 다들 수다쟁이 되잖아요

들어보아요
나 요새 말 많이 못해요 다들 오십 지난 사람들이라
할 말들 참 많아 하루해가 짧아요

어머니의 종교

고된 시집살이 지나간 연휴에도
딸자식 이름 앞에
철철 넘치는 욕을 한 솥 가득 끓여내셨다

내 아들 앞길을 막아서지 말고 제발 없는 듯 살았으면 좋겠다
여자가 공부 잘해서 뭣에다 쓴다냐

보리밥 위로 떠 있는 어머니의 욕을 거둬 내고
남은 밥을 삼키면 괜히 서러웠다

내가 이 땅에 와서 뭘 그리 잘못했을까

철철이 논밭을 움직인 노동만큼 더 깊어진 욕의 마디들이
심장에 콕콕 들어앉아 못이 될까 봐
하늘을 올려다보면서 참아냈다

살구나무 꼭대기에 올라가 토해내던 유행가엔 어린것의 한이 서렸고
마음속에 급물살을 타던 사춘기
서럽고 슬프다가 괴팍한 성정으로 자꾸만 굳혀져 갔다

가치관의 혼란으로 정신 못 차리던
그 시기에서 진화하지 못하고
어쩌면 나는 여태 괴팍한지도 모른다

어머니는 아들이 공무원이 되어서야
비로소 쇳소리 내던 목을 주름 속에 감췄고
염불 소리가 잦아들었다

어른이 되고 어머니의 18번은 찔레꽃임을 알았고
큰소리로 한번 불러드렸어야 했나
그건 판단이 안 섰지만

어머니의 종교는 분명 아들이었다

구름을 베끼다
– 갱년기

소양강 바람 사납게 불어 대자
햇살 찾아 머리칼 세운 삼악산
오늘은 춘천 기온 영하 17도다

구름의 입술마저 얼어 경전처럼
한파 조심 주의보 문자로 전송되고
반쯤 사라진 듯한 시들은 시간이다

빙판길 착하게 걸어가는 사람들에게
눈동자만 깜박여도 호시탐탐 전염을
무기로 독감은 불안을 확산시킨다

구름이 살짝 흩어질 때 나도 숨을 쉰다
심장을 툭툭 건드리며 붉어진 홍조에
열꽃을 피우는 갱년기로 잠시 훈훈했다

고향 생각

밤새 하얗게 눈 내리다 밝아진
아침을 보며 몸살처럼 여자가 뒤척인
어젯밤 꿈엔 열일곱 살이었다

고향을 자주 못 가 밤사이로
힘들게 다녀온 그곳
회색빛 기운 없는 얼굴로
여자가 골골거리다 일어난다

둔중하게 몸을 뒤척이며 머릿속
비우고 정신을 가다듬어도
여전히 밤처럼 어두운 겨울 아침이다

눈이 녹으며 군데군데 얼룩진 유리창
여자의 까닭 없는 눈물은 그리움이 된다

생각 끝에 매달린 고향은
중년에 들어서 유독 아득해
여자는 눈물 같은 그리움을 삼킨다

세련된 세상의 허무함

더 이상 기억을 거부하는가
알아야 할 건 네이버에 다 있고
할 말은 더듬더듬하기 일쑤고

어쩌다 만나면
눈은 더 이상 마주 보려 하지 않고
고개 숙여 휴대폰만 바라봐

낱말이 하트로 둔갑하여
사랑해를 아무에게나
뿌려대니 사랑마저 무감각해

진실이 없어져 가기에
추억 그리움 지난날을 애타게
불러들이며 써 보는 걸까

편리함을 은근히 잘 못 이용하다 핏기를 다 잃어
인조인간이 설치면 어쩌나

눈빛만 봐도 다 안다던 대화는 이제 없어
새로운 세상에 적응 잘 하고
휴대폰 잘 다루는 사람이 위대해 보여

문명의 혜택은 헛배만 부르는지
늘 기웃거리고 비교하고 욕심부리고
그런 건 더 심해진 것 같아 어쩌냐

유혹

소문난 음식점 문턱에 신발을 벗자
먼저 온 손님 테이블에서 해물 끓는 모습
낙지가 느물스럽게 뻗친 손마디를
혓바닥 날름거리며 살짝 피한 조개다

가열되는 속도는 군침을 삼키는 속도
끓다가 지친 한 통속의 해물찜을 먹는다
꽃게와 문어가 야채를 보채서 우려낸
맛으로 온통 그들의 유혹에 빠졌다

사랑이라 했잖아요

검은 마스카라 눈물로 번지면
사랑이래도 또렷이 미워졌어요
내 기억이 맞다면 먼저 다가와
사랑한다고 환하게 웃었잖아요
약속한 맹세 잊었다고 하실 건가요
나는요 끝나지 않는 이야기 안고
겨울에도 마음에 꽃이 피어났어요

당신이 내게 먼저 꺼냈던 그 말
심장 팔딱이던 그날을 난 기억하기에
사계절 식지 않는 가슴으로 타올랐어요
겨울이라고 게을리 하지 마셔요
사랑은 그래야 하잖아요
나처럼요
오늘 이 붉어진 눈물은 당신 때문이에요

왜 '사랑해'라고 하셨나요

사랑 참 어렵다

연인에게 사랑은 기쁨이었다가
슬픔이었다가
내 것이었다가
첨부터 내 것이 아닌 거였다 할 테지

햇살이었다가
빗소리이기도 하고

사랑에 이르러 수천 가지 감정에
줄기세포 뛰어오르도록 했다가
갑자기 툭 떨어뜨리기도 할 테지

여자의 생각이 옳았던 자리에 하나씩
남자의 생각이 옳았던 날을 더 듣다가
화를 내다가 욕심을 부리다가 하지

재잘대던 입술 사이에 침묵이
기웃거리기 시작하면 멀어진다지

여자에게 사랑한 남자는 전부였다가
부질없다가

환상의 하모니를 이루고 어쩌면 이렇게
같은 생각일까 하다가 대부분의
생각이란 것을 깨닫고 시시해지지

눈부신 날만 있을 수 없어
중심이 흔들리기도 하지

이기적인 생각이 깊어지면
지금 주어진 행복을 부정해보며

남녀의 사이는 다 견뎌낸 다음에야
진정한 내 것으로 자리 잡겠지

정선의 산 중턱에 앉아

먼 산의 비경을 보면
나는 성격대로 발걸음이 빨라진다
어서 가서 진위를 파악하고자
호기심을 물고 그저 재촉한다

요샌 문화적으로 격상된 삶이라
조갈난 사람들일수록 산을 찾는다
산에 오르며 오르막과 내리막의
진리를 깨우치고자 한다

이질감을 주지 않는 산 중턱에서
산 아랫마을을 내려다 보자
소속이 애매하게 살아온 건 아닐까
지나간 시간의 필름을 돌려본다

새벽보다 먼저 일어나길 좋아한 나
자연 앞에서면 잘난 척 좋아한
태도가 작아져 산은 교육자처럼
행복한 겸손을 알게 해준다

출근이 부러울 때

정류장에 모인 사람들의 눈꺼풀엔
휴일의 잔류를 매달아도 멋졌다

깨끗이 닦은 가방 속엔 달성하고픈
고지가 가득 담겨 있겠지
하얀 눈이 가슴에 앉으면 브로치처럼
반짝반짝 빛나 보였다

군복 바짓단의 통 넓은 기백을
갖춰 무장한 걸음으로 운동을 가면서
찬바람이 진저리치는 하천 물속
봄의 홀림에 나는 마음을 옮긴다

반복적인 시간 지치지 않고 살아내는
방법은 긴장을 하는 직장인들처럼
슬슬 달리기 자세로 바꿔본다

유년의 기억

오가는 행인들 입담에 늙기도
힘든 낙엽송이 파랗게 춤추는
산책로에 여름이 들어선 날이다

지쳐가는 일상에 활력을 주고자
거기 서 있는 나무 씨에게 눈으로
인사를 건네다 옛 생각에 잠겨본다

시골 사립문 앞에서 매번 내가 말 걸어
귀찮았을 아카시아 두 그루는 봄이면
새 꽃을 피우며 나를 기다리긴 할까

앞마당 대숲에 숨었어도 결국
발각된 후 매번 내가 올라 쩌렁쩌렁 내
노랫소리 억울했을 살구나무는 그때가
좋았던지 시름시름하다 했다

타향에서 마주하는 나무들을 보면
내 이야기 다 품어 안은 그 나무들에서
유년 내 기억들이 소환된다

너를 보내고
- 단풍잎

햇살이 더듬다 지나친 그 길로
마음까지 기울이고 싶은 오후

찬바람이 이마를 향해 다가오자
붉은 얼굴의 네가 그립다

내가 가기 전 이미 지친 얼굴로
빨갛게 칠을 두르고 돌아간 너

그날들이 그리움으로 줄을 잇자
겨울에 적응 못해 서성거리고 있다

해거름에 근엄한 표정으로 마주친 구름은
가을에 만난 적 없어 외면하게 되고

여운으로 가슴속에 남은 네 그림자
겨울의 하루는 아직 공명으로 길었다

그 밤의 허상들

꿈속이었어
바람만 지나는 모래 언덕 너머로
그의 그림자

외로운 몸짓으로 달빛의
처연함까지 더한 나의
그리움이 지고 있었을까

목이 꺾인 꽃무덤가
봉우리까지
차가워진 의식 같은 것이
보이는 것이다

그리움의 향기
피고 지고 또 피고 지고
까맣게 스미는 밤사이로 머무는
알 수 없는 형상들

보고 싶다고 한 말들이 모여
피어난 꽃밭
사랑한다고 말하고 나서
후, 져버린 마술쇼

어느 날은 맑았다가
흐려지곤 하는 있다가도 없어지는
추상적인 것들이 꿈으로 보였다

보고 싶은 것과 그립다는 것이
섞이고 머물다
동그라미 밖으로 흘렀고

밤이었으니 꿈속인 건 분명했다

낯선 문장

돈조반니의 아리아를 틀어놓고
비극은 소음 제거로 하고
나머지는 유쾌하게 들리도록 앰프를 손볼까

답답하고 작은 나의 집을 오늘은
콜로세움 광장이라 생각하고
로마군대를 불러다 교육이나 시킬까

레오나르도 다빈치 그림을 박승희
방연숙 화가님[5] 것과 다양한
각도로 펼쳐 놓고 곳곳을 애무하더라도
여전히 그림 보는 눈은 없어 난

마트에 가면 늘 다수의 소리들이
오케스트라 연주를 하는 것 같아
스텝을 조절하면서 바라보게 돼

빠르게 세일 상품의 다급한 목소리에
다다닥 뛰어가는 아주머니들
마라톤 대회 나가도 손색없을 거야
나는 그럴 때 딴 생각을 해 저걸 쓸까

---

5) 박승희 방연숙 화가는 카카오스토리 친구

하루에 일어난 다양한 문장이
늘 머릿속을 둥둥 떠다녀

이 도서의 국립중앙도서관 출판예정도서목록(CIP)은 서지정보유통지원시스템 홈페이지(http://seoji.nl.go.kr)와 국가자료공동목록시스템(http://www.nl.go.kr/kolisnet)에서 이용하실 수 있습니다.

(CIP제어번호 : CIP2018003145)

곽구비 제2시집

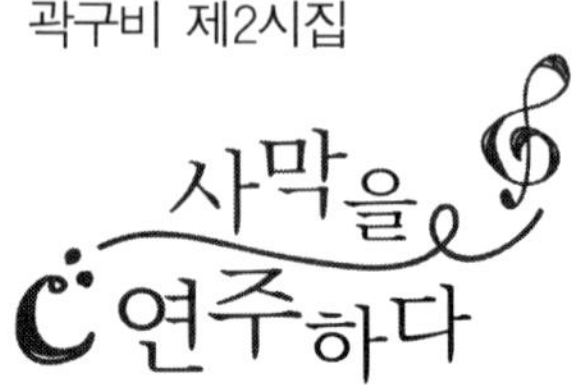

초판인쇄일 2018년 2월 5일
초판발행일 2018년 2월 9일

지은이 : 곽구비
펴낸곳 : 도서출판 문학공원
펴낸이 : 김순진
편집장 : 전하라
디자인 : 김초롱
등 록 : 2004년 3월 9일 제6-706호
주 소 : (우편번호 03382)서울 은평구 통일로 633
녹번오피스텔 501호 스토리문학사
전 화 : 02-2234-1666
팩 스 : 02-2236-1666
홈페이지 : http://cafe.daum.net/yob51
이메일 : 4615562@hanmail.net

....